Learn Czech
Parallel Text
Easy Stories
English - Czech

Learning Czech with parallel text is the most rewarding and effective method to learn a language. Existing vocabulary is refreshed, while new vocabulary is instantly put into practice.

Recommended for beginners-, intermediate level learners of Czech and as a refreshers course. It is so easy and enjoyable even absolute beginners with no prior knowledge can start learning.

While we feel anyone at any level can work with these stories, a basic understanding of Czech would be recommended to achieve the maximum learning effect and pleasure. Our entertaining stories contain European culture and characters. Our books are fun to read so you maintain concentration and learn from motivation.

Table of Contents

PARALLEL TEXT

Spojené státy... „ Na čtyřech kolech "
United States...”on wheels”

Jmenuji se Susana a je mi dvacet osm let.
My name is Susana and I am twenty-eight years old.

Žiji ve městě Girona v Katalánsku.
I live in a city in Catalonia, Girona.

To se nachází severně od Barcelony, jen hodinu jízdy autem.
It is in the north of Barcelone, just an hour to drive by car.

Je to jedno z nejkrásnějších, nejpoklidnějších a nejstarších měst v Katalánsku.
It is one of the most beautiful, quietest and oldest cities of Catalonia.

Pokud se vám naskytne možnost ho navštívit, určitě si nenechte ujít centrum: tam to vypadá, jako kdybychom stále ještě žili ve středověku!
If you have the chance to visit it, do not miss to visit the center: it seems like we are still living in the Middle Ages!

Miluji cestování, ale mám vlastní společnost, a tak nemohu cestovat příliš často.
I love to travel, but as I run my own business, I cannot travel frequently.

Je to škoda, ale musím se neustále starat o svou firmu.
It's a pity, but I always have to pay attention to my firm.

I když ve skutečnosti je to malý rodinný podnik: restaurace.
Well, actually it is a small family business: a restaurant.

Tuto restauraci před více jak šedesáti lety založili moji prarodiče, což je neuvěřitelné, nemyslíte?
The restaurant was founded by my grandparents over sixty years ago, incredible, isn't it?

Nicméně minulý rok jsem měla to štěstí restauraci po konci léta na pár dní zavřít.
However, last year I was lucky and was able to close the restaurant some days after the summer.

Konečně mě čekala moje zasloužená dovolená!
Finally I should have my deserved vacation!

Je ale tolik zajímavých a krásných míst... Kam se vydat?
Now, with so many interesting and wonderful destinations... Where to go?

Jedním z mých snů bylo poznat "divoký západ" Ameriky.
One of my dreams was to get to know the "Wild West" of America.

Když jsem byla malá, moji prarodiče mě v restauraci

hlídali a po obědě mi v televizi pouštěli westerny.
When I was a little girl, my grandparents took care of me in the restaurant and used to put Western films on the TV after lunch.

Všechny jsem je při psaní úkolů nebo svačině nadšeně sledovala...
I watched them all and had a lot of fun while doing my homework or having a snack...

Proto jsem se rozhodla vyrazit na západ Spojených států.
That's why I decided to go to the West of the United States.

Spoustu mých přátel už tam bylo a já jim záviděla všechny jejich historky, ale alespoň mi mohli dát užitečné rady.
I had a lot of friends who had already been there and I was jealous of all their stories, but their advice were very useful to me.

Mohla se mnou jet I moje nejlepší kamarádka Marta.
My best friend Marta could also come with me.

Marta pracuje jako učitelka a byl to zázrak, že jsme ten rok měly dovolenou ve stejnou dobu!
She is a teacher and it was a miracle that we had vacation at the same time that year!

Díky internetu je v dnešní době velmi snadné připravit se na výlet na západ Spojených států.
Thanks to the internet, today it is really easy to prepare a trip to the west of the United States.

Pokud mluvíte španělsky, existuje několik webových stránek, které jsou pro plánování výletů velmi užitečné - moje oblíbená je losviajeros.
If you talk Spanish, there are a few websites which are very useful to prepare trips, my favourite one is losviajeros.

Proč mě tak zaujala?
Why I like it so much?

Jedná se totiž o fórum, kde přispívají skuteční cestovatelé, kteří daná místa už navštívili a mohou se s ostatními podělit o své zkušenosti, komentovat, vyjádřit své názory, rady a triky...
Because it´s a forum where real travellers who have visited those destinations share their experience, make comments, give their opinion, tricks and advice...

To se hodí.
That's very useful.

Připravovala jsem se na cestu a celý týden trávila rezervováním hotelů, motelů a samozřejmě letenek.
I was preparing the trip and booking everything during a whole week: hotels, motels and the flights, of course.

Nerada řídím a moje kamarádka Marta taky ne, tak jsem se snažila zarezervovat lístky na vlaky, autobusy a další spoje, abychom se mohly dopravit z jednoho místa na druhé...
I don't like driving and neither does my friend Marta, so I tried to book tickets for trains, busses and other means of transport to travel from one site to another...

To však bylo velmi složité!
Now that was really difficult!

Pak jsem si na fóru přečetla, že...
Then I read in a forum that...

Nejlepší způsob, jak cestovat napříč Spojenými státy, je autem!
The best manner to move across the United States is driving!

V té chvíli se zdálo, že se naše dovolená nezdaří.
In that moment our trip seemed to fail.

Marta I já jsme špatné řidičky.
Marta and I were terrible drivers.

Co jsme mohly dělat?
What were we able to do?

Marta řekla, že to není vůbec žádný problém.
Marta said that it wasn't a problem at all.

Byla si jistá, že si spolu řízení auta dokonce užijeme.
She was sure that together we could even have fun when driving a car.

Nicméně jsme si, jen tak pro jistotu, řízení pár dní před odjezdem nacvičovaly.
But, just in case, we practiced some days before our voyage.

Nechtěly jsme, aby se cokoliv pokazilo!
We didn't want anything going wrong!

Když jsme dorazily do Spojených států, ze všeho nejdříve jsme si vyzvedly naše pronajaté auto.
When we arrived in the United States, we first picked up our rental.

Měly jsme auto jen pro sebe!
We have a car just for us!

Byly jsme šťastné, natěšené a plné očekávání!
We were happy, excited and full of expectations!

Připadalo mi, že třináctihodinový let trval jen dvě hodiny.
It seemed that the flight of thirteen hours had passed in only two.

Měly jsme před sebou tisíce kilometrů a chtěly jsme vyrazit co nejdříve.
We had thousands of kilometres in front of us and wanted to start the earlier, the better!

Když jsme vešly do kanceláří půjčovny aut, málem jsme omdlely.
When we arrived to the office of the car rental, we almost fainted.

Byla tam příšerně dlouhá fronta lidí a bylo nám řečeno, že bude trvat nejméně hodinu, než dostaneme naše auto.
There was such a big queue of people and we were told that it would take at least an hour to get our car!

To bylo dost nudné.

11

That was very boring.

Proč si tolik lidí půjčuje auto?
Why were there so many people renting a car?

Ve Španělsku není zrovna běžné, aby si lidé na výlet pronajímali auto.
In Spain it is not very common to hire a car on a trip.

To většinou děláme jen, když jedeme například někam na ostrov.
We usually do it when we travel to an island, for instance.

Ve zbytku země ale jezdí spousta vlaků a autobusů, které vás kamkoliv dopraví.
But at the rest of places, there are a lot of trains and busses taking you wherever you want to go.

Brzo jsme však zjistily, proč si tolik lidí chtělo půjčit auto - Spojené státy jsou obrovské!
We discovered soon why so many people wanted a car, the United States are enormous!

A k našemu překvapení tam není žádný systém hromadné dopravy, která by jezdila tak často jako ve Španělsku.
And to our surprise, there is no public transport system with such a frequency and variety as in Spain.

Proto při cestě napříč touhle zemí potřebujete auto nebo je to s ním alespoň mnohem lepší: můžete cestovat rychleji a pohodlněji, ať už jedete kamkoli.
That's why you need a car to move across the country, or at least it is much better to have one: you can travel faster and in a more comfortable way

wherever you want to go.

Konečně jsmc byly na řadě.
Finally we arrived at the counter.

Moje kamarádka Marta mluví velmi dobře anglicky a se slečnou, která nás u přepážky obsluhovala, jsme si perfektně rozuměly.
My friend Marta talks English very well and we understood ourselves perfectly with the girl who was serving us at the counter.

Za pár minut jsme dostaly klíčky k našemu autu.
In a few minutes, we received the keys of our car.

Zarezervovaly jsme si malé auto, protože to nám dvěma bohatě stačilo... Ale podvedli nás!
We had booked a small car, that was enough for the two of us... but what a lie!

Dostaly jsme obrovské červené SUV!
We got an enormous red SUV!

Myslely jsme si, že se spletli, ale ve skutečnosti jsme se spletly my.
We thought it was a mistake, but actually we had been mistaken.

Dívka na pokladně nás předtím informovala, že jim došla malá auta, a museli nám proto dát tohle obří vozidlo.
The girl at the counter had adverted that they had run out of small cars and that they had to give us that giant car.

Však víte... Jazyková bariéra.
You know... Language issues.

Do našeho obrovitého auta jsme musely takřka "vyšplhat".
We almost had to "climb" to get into that huge car.

Jakmile jsme byly uvnitř, v úžasu jsme zíraly na všechny vymoženosti, které v autě byly: GPS, rádio, satelitní rádio a kamera pro snazší parkování!
Once inside, we stared in wonder at all the things the car had: GPS, radio, radio by satellite and a camera to see how to park!

Mít podobné auto ve Španělsku by byl skutečný přepych, naše auta většinou nemají takovéto "nadstandardní" vybavení.
In Spain, a car like this would have been a real luxury, our cars usually don't have any of these "extras".

Marta auto nastartovala a... Tak počkat!
Marta started the car and... Just a second!

Kde je spojka?
Where is the clutch?

A řadící páka?
And the gear box?

Nemůžeme nikam jet!
We cannot move!

To pro nás bylo první překvapení...
That was our first surprise...

Ve Spojených státech mají téměř všechna auta automatické řazení!
In the United States, almost all cars are automatic!

Ve Španělsku je to přesně naopak.
In Spain it's just the other way round!

Nicméně musím uznat, že... Je mnohem pohodlnější řídit v "americkém stylu" a chybí mi, jak tam bylo všechno jednoduché.
Nevertheless, I have to admit ... That it is much more comfortable to drive a car with "American style" and I miss a lot that everything is so easy.

Po chvíli zmatku jsme se dostaly na silnici.
After these few moments of confusion, we got on the road.

Přistály jsme v Los Angeles a naší první zastávkou byla pláž - chtěly jsme přespat v Santa Barbaře.
We had landed in Los Angeles and our first destination was the beach, we wanted to sleep at Santa Barbara.

Přicházelo jedno překvapení za druhým: silnice byly obrovské!
The surprises didn't stop: how huge the roads were!

Ve Spojených státech je běžné, aby na dálnici bylo více jak čtyři nebo pět pruhů, zatímco ve Španělsku máme jen dva nebo možná tři.
More than four or five lanes is usual for highways in the United States, meanwhile we just have a pair of lanes in Spain, or maybe three.

Po těchto komických začátcích jsme se párkrát ztratily, ale nakonec jsme dorazily do Santa Barbary.
After these first funny moments, we got lost a few times and finally reached Santa Barbara.

Strávily jsme tam pár úžasných dní, ale brzy jsme musely odjet, poněvadž jsme několik nocí chtěly strávit v Las Vegas.
We spent a few wonderful days there, but had to break up soon as we wanted to spend some nights in Las Vegas.

Po odjezdu jsme bez toho, aniž bychom si to uvědomovaly, vjely na silnici s menším provozem.
When we left, we drove without knowing well into a road with less traffic.

Na některých cedulích byly nákresy připomínající dolary...
On some signs there was something indicating dollars...

Možná že tam byla placená silnice?
Maybe it was a toll road?

Neměly jsme tušení.
We didn't have a clue.

Po chvíli jsme dojely do části s mnohem hustším provozem.
After some time, we arrived at a place with much more traffic.

O několik měsíců později nám domů přišla pokuta: nevědomky jsme projely okolo pokladny na mýtné!

Some months afterwards, a ticket arrived at home: we had passed the toll station without knowing!

Ve Španělsku mají totiž všechny tyto pokladny závory, ale tam žádné závory nebyly a my jsme nevěděly, že musíme zaplatit.
That's because in Spain, all toll stations have barriers, but there, there weren't any barriers and we were not aware of that we had to pay.

To bylo jen pár z našich "malých dobrodružství" ve Spojených státech, zemi, kterou jsme nakonec moc rády projely na čtyřech kolech.
These have been only a few of our "little adventures" in the United States, a country we finally loved to cross on wheels.

Povím vám ještě o jednom posledním, které vás dozajista rozesměje.
This is the last one I have to tell you, you will laugh out loud for sure.

Když jsme se poprvé pokusily natankovat, skoro jsme to nezvládly.
The first time we tried to get petrol, we almost couldn't.

Tamní benzinové čerpadlo bylo tak složité, že jsme nevěděly co s ním.
The gas pump was so complicated, we didn't understand it.

Nakonec nám moc milá stará paní (skoro osmdesátiletá!) přišla pomoc, aby nám mladicím pomohla "pochopit" tamní technologii.

17

Finally a very nice old lady (almost eighty years old!) came to help us youngsters to "understand" all of that technology.

Navzdory všemu náš výlet do Spojených států zopakujeme a těšíme se, až budeme moci pokračovat v objevování této krásné země na čtyřech kolech.
In spite of all this, we will repeat our trip to the United States and we are looking forward to have vacation again to continue discovering this beautiful country on wheels.

Dobrodružství v La Tomatina
An adventure at La Tomatina

Jmenuji se Sean a je mi 21 let.
My name is Sean and I'm 21 years old.

Jsem z New Yorku, ale šest měsíců už žiji v Barceloně.
I am from New York, but for six months I have been living in Barcelona.

Studuji španělskou literaturu a mám hrozné štěstí, že mohu tímto způsobem zažít Španělsko.
I study Spanish Literature and I'm very lucky to enjoy this experience in Spain.

Nicméně občas se přihodí šílené a legrační věci jako třeba ta, o které vám dnes povím.
But sometimes crazy and funny things happen, like the one I'm going to tell to you about today.

Do Španělska jsem dorazil v březnu a od té doby žiji s několika velmi sympatickými kluky a holkami, s nimiž sdílím skvělý byt v centru Barcelony.
I arrived in Spain in March, and I have since been living with some very friendly boys and girls, sharing a beautiful apartment in the centre of Barcelona.

Je úžasné bydlet v centru tak krásného města.
It is a pleasure to live in the centre of such a beautiful

city.

Všechno je velmi blízko, dokonce I univerzita.
Everything is very close, even the university.

V našem bytě bydlím se třemi spolubydlícími.
In this apartment I live with three roommates.

Sara je ze Seville; je jí 26 let a studuje architekturu.
Sara is from Seville; she's 26 years old and studies architecture.

José je z Barcelony; je mu 20 let, studuje inženýrství a miluje fotbal.
José is from Barcelona; he's 20 years old, studies engineering and loves football.

A nakonec je tu Andrea, dívka původem z jižní Francie.
And finally, there is Andrea, a girl from the south of France.

Ta studuje reklamu a také tancuje flamengo.
She studies advertising and is also a flamenco dancer.

Jsou neuvěřitelní, nemyslíte?
Don't you think that they are incredible?

Moc dobře spolu vycházíme a žít s nimi mi moc vyhovuje.
We get along very well and living with them works really well.

Znáte Barcelonu?

Do you know Barcelona?

Je to jedno z největších měst ve Španělsku a nachází se u pobřeží na severovýchodě země.
It's one of the biggest cities in Spain and is located in the Northeast area of the country by the sea.

Má proto výhody velkého města I blízké pláže.
It therefore has the advantages of a big city as well as being close to the beach.

Barcelona je navíc obklopena horami a leží blízko Pyrenejí, nejvyšších hor ve Španělsku, kde se dá lyžovat celou zimu a částečně I na jaře.
Also, Barcelona is surrounded by mountains and is very close to the Pyrenees, the highest mountains in Spain, where you can ski during the whole winter and part of the spring.

To je to správné místo k životu, nemyslíte?
It is a place to stay, don't you agree?

Jaro v Barceloně rychle uteklo.
The spring passed quickly in Barcelona.

Během dne jsem měl hodně práce se studiem a po večerech jsem hrál fotbal s Josém a jeho týmem.
Throughout the day I was very busy studying and in the evenings I played football with José and his team.

Ve Španělsku semestr končí v červnu.
In Spain, the semester ends in June.

Všechny mé zkoušky jsem složil s velmi dobrými známkami.

I passed all my exams with very good grades.

Teď jsem měl před sebou celé léto, spoustu plánů, nedalekou pláž a spoustu přátel, s nimiž jsem mohl trávit čas.
Now, I had the whole summer in front of me, full of plans, near the beach and with many friends to spend my time with.

Ve Španělsku se navíc v létě v každé vesnici konají tradiční a oblíbené slavnosti, o kterých jsem slyšel, ale mnoho z nich mi připadalo zvláštních a moc jsem jim nerozuměl.
Furthermore, in Spain, during the summer, in every village there are traditional and popular parties that I have heard of, but many of them were very strange to me and I didn't understand them very well.

Můj kamarád José mi jednoho dne v červenci zavolal a pozval mě na festival ve vesnici poblíž Valencie, kam v srpnu pojede.
My friend José called me one day in July and invited me to go to a festival in a village near Valencia that was going to, held in August.

Řekl mi, že to bude ten největší festival, jaký kdy v životě navštívím, a že si ho nemohu nechat ujít.
He said that it would be the biggest festival that I would ever go to in my life and that I couldn't miss it.

Zeptal jsem se ho: „ Proč je ten festival tak úžasný?"
I asked him: "Why is this festival so spectacular?"

Ale on... Neřekl mi ani slovo!
But he…didn't say a word!

Řekl mi, že chce, aby to pro mě bylo překvapení, a že mi prozradí jen jméno onoho festivalu. Jmenoval se "Tomatina".

He said he wanted it to be a surprise for me and that he was only going to reveal the name of the festival to me. It was called "Tomatina".

V dnešní době samozřejmě existuje spousta webových stránek a míst, kde jsem si mohl najít informace o tom tajemném "La Tomatina", ale musel jsem kamarádovi slíbit, že si o festivalu nebudu nic zjišťovat.

Of course, nowadays there are many websites and places where I could find information about the mysterious "La Tomatina", but my friend made me promise that I would not do any research on it.

José koupil dva lístky na autobus a přinesl je domů.

José bought two bus tickets and brought them home.

Díky tomu jsem zjistil, že ta vesnice, kam na onu party pojedeme, se jmenuje "Buñol".

That is how I learned that the village, where we were going to go for the party, was called 'Buñol'.

Konečně jsem tak věděl něco víc o tom tajemném letním festivalu, kam jsem měl jet!

Finally I knew something more about the mysterious summer festival to which I was going to go!

Buñol je však velmi malá vesnice uprostřed Valencie.

Buñol was, however, a very small village in the middle of Valencia.

Jaký druh "velkého" festivalu se může konat v tak malém městečku?

What kind of "big" festival could take place in such a small town?

Záhada pokračovala.

The mystery continued.

Týden před slavností mi Sara, moje spolubydlící, vysvětlila, co znamená "Tomatina".

One week before the party, Sara, my roommate, explained to me what "Tomatina" means.

"Tomatina" označuje něco jako malé rajče.

"Tomatina" is something like a little tomato.

Co to je za festival?

What was this festival all about?

Festival hledání toho nejmenšího rajčete na světě To je ale blbost!

A festival looking for the tiniest tomato in the world? What a mess!

Jak si asi dokážete představit, v tu chvíli jsem se těšil na flámování, ale současně jsem pořád přemýšlel nad tím, kam se to sakra vydávám?

As you may imagine, at that moment I was looking forward to partying, but at the same time I thought where the hell am I heading?

V den konání "Tomatina" jsme vstali velmi brzy - ve tři hodiny ráno!

The day of the "Tomatina" we woke up very early - at three o'clock in the morning!

Rychle jsme se nasnídali a pospíchali jsme na autobusové nádraží.
We had breakfast very quickly and then hurried to the bus station.

Tam bylo spoustu mladých studentů jako my, byly jich celé stovky a čekaly na autobusy do vesnice Buñol.
There were a lot of young students like us, hundreds and hundreds, waiting for buses to Buñol.

Sedli jsme si, čekali jsme na náš autobus a já se začal bavit s jednou dívkou z Francie.
We sat down to wait for our bus and I started a conversation with a girl from France.

Jmenovala se Anne a řekla mi, že Tomatina byl ten nejlepší festival, na jakém kdy v životě byla.
Her name was Anne and she told me that the Tomatina was the best festival she had ever been to in her life.

A tohle byl už třetí rok v řadě, kdy cestovala do Buñolu, aby tam byla v době konání Tomatina!
And that this was the third year in a row that she had travelled to Buñol to be there for the Tomatina!

Nějakou dobu jsem si povídal s Anne.
I talked to Anne for some time.

Nemluvila španělsky a její angličtina byla hrozně zvláštní - měla srandovní francouzský přízvuk, když mluvila anglicky - ale byla moc milá.
She didn't speak Spanish and her English was very weird – she had a funny French accent when she spoke English – but she was very nice.

A taky byla moc krásná, blonďatá, se světlou pletí a zelenýma očima.
And she was very beautiful, blond, with very fair skin and green eyes.

Museli jsme se však rozloučit, protože její autobus měl číslo 15 a můj číslo 8.
However, we had to stop talking, because her bus was the number 15 and mine was number 8.

Jaká škoda!
What a pity!

Nemyslíte?
Don't you think?

Už v autobuse se konala jedna velká party.
The bus was already a big party.

Byl plný mladých lidí, kteří se chtěli bavit.
It was full of young people that wanted to party.

Všichni zpívali písničky (ve španělštině, takže jsem moc nerozuměl, byly moc složité) a pili sangrii, poněvadž bylo ten den horko.
Everybody was singing songs (in Spanish, I didn't understand very much, they were very difficult) and drinking sangría, as it was hot that day.

A cesta trvala hrozně dlouho!
And the journey was so long!

Trvalo více jak pět hodin, než jsme dorazili na slavné Tomatina!

26

It took more than five hours to arrive at the famous Tomatina!

Konečně jsme dojeli do Buñolu.
At last, we arrived in Buñol.

Byly tam tisíce lidí!
There were thousands of people!

Všichni byli ve skvělé náladě a hodně lidí mělo na sobě potápěčské brýle, plavky, šortky, sandále, nepromokavé klobouky...
Everyone was very cheerful and many of them wore diving goggles, swimsuits, shorts, sandals, waterproof hats…

Na co jim všechny ty věci byly?
What were all these things for?

Kousek po kousku jsme došli do centra vesnice, kde už nebylo skoro žádné místo.
Little by little, we walked into the centre of the village, where there was hardly any space.

Najednou začala hrát hudba a lidé všude okolo začali tančit.
Suddenly, music started to play, and people were dancing all around.

Byla tohle Tomatina?
Was this the Tomatina?

Nezdálo se mi to tak úžasné.
It didn't seem so spectacular to me.

Hudba vycházela z obrovských náklaďáků.
The music came from huge trucks.

Na nich stáli lidé, kteří do ulic něco házeli.
On them were people who were throwing something to those in the street.

Co to bylo?
What was it?

Něco červeného a kulatého... Vypadalo to jako... To byla rajčata!
Something red and round...it seemed like...that were tomatoes!

V tu chvíli jsem se začal smát!
At that moment, I started to laugh!

Můj kamarád José se mě zeptal: Tak co si myslíš?
My friend José said to me: So, what do you think?

Nemohl jsem být šťastnější!
I couldn't be happier!

Bylo to naprosto šílené.
That was totally crazy.

Představte si: tisíce lidí se smějí, skáčou, tančí a hází po sobě rajčata!
Imagine: thousands of people laughing, jumping, dancing and throwing tomatoes at each other!

Postupně se všechno zbarvilo do červena a všichni se náramně bavili.
Little by little, everything turned red and everyone was

having a lot of fun.

Slavnost Tomatina začala brzy a trvala celé dopoledne.
The Tomatina started early and it lasted the whole morning!

Ke konci jsem byl od hlavy až k patě celý od rajčat; sám jsem byl stejně červený jako to rajče.
By the end, I was full of tomatoes from top to bottom; I was red as if I were a tomato myself.

I když tomu nemůžete uvěřit, je to naprostá pravda!
Even if you can't believe it, it is the absolute truth!

Víte, co bylo ze všeho nejlepší?
Do you know what the best part was?

Když bylo po všem, lidé zůstali na ulicích, hudba nepřestávala hrát a party pokračovala!
When everything ended, the people stayed in the streets, the music didn't stop and the party continued!

Proto jsme tam zůstali celý den, jedli jídlo typické pro Valencii, paellu, a pili typický nápoj, sangrii.
That is why we stayed there the whole day, ate a typical dish from Valencia, paella, and drank a typical drink, sangría.

Po obědě jsme se rozhodli jít na procházku po vesnici.
After lunch we decided to go for a walk through the village.

Když jsme se dostali na hlavní náměstí, uviděli jsme poslední překvapení toho dne...

29

When we got to the main square we saw the last surprise of that day…

Byla tam Anne!
Anne was there!

Šli jsme k ní a ona nás představila svým přátelům.
We approached her and she introduced us to her friends.

V tu chvíli začala taneční party a my všichni zůstali, tančili jsme a povídali si.
At that moment the party's dance started, and we all danced together and continued talking.

Užili jsme si spoustu srandy a myslím si, že to byl začátek skvělého přátelství.
We had a lot of fun, and I believe that it was the beginning of a great friendship.

Od té doby jsme já a Anne byli společně na spoustě oslav a myslím si, že ji brzo pozvu do kina.
Since, Anne and I have gone to many parties together, and I believe I will soon ask her to go to the cinema with me.

Od teď, pokud všechno půjde dobře, bude Tomatina více než jen velká party, ale také místo, kde můžete najít lásku.
From now on, if everything goes well, the Tomatina from now will be more than a big party, but it will also be a place where one can find love.

Kdo ví?
Who knows?

Festival valení sýra
The Cheese Rolling Festival

Jmenuji se Robert a povím vám příběh o tom, jak jsem se octl uprostřed pole v Anglii a zběsile se hnal za sýrem valícím se z kopce dolů.

My name is Robert and I'm going to tell you a story about how I ended up in the middle of an English field frantically chasing cheese down a hill.

Vyrůstal jsem v malé francouzské vesnici v Normandii, a jídlo tak bylo odjakživa velkou součástí našeho rodinného života.

Growing up in a small French village in the region of Normandy, eating was a big part of our family life for as long as I can remember.

Jídlo představovalo příležitost pro to, aby se celá rodina sešla, vyprávěli jsme si historky a užívali si jeden druhého.

Eating represented an occasion for the whole family to get together, to share stories and to enjoy each other's company.

Moje oblíbená část jídla bylo, když na stůl přinesli sýr, a jelikož jsem vyrůstal ve Francii, byl jsem zvyklý na nespočet druhů - napříč celou zemí se vyrábí na 400 různých druhů sýra a řekl bych, že jsem je ochutnal všechny.

My favourite part of the meal was always when the

cheese was brought to the table, and being brought up in France I was spoilt for choice – there are almost 400 different types of cheese produced across the nation and I think I must have tasted all of them.

Nezáleželo na tom, o jaký typ sýra se jednalo - kozí, ovčí, plísňový, kraví - když tam byl, tak jsem ho snědl.
It didn't matter what kind of cheese it was – goat, ewe, blue, cow – if it was available I would eat it.

V rodině jsem byl známý tím, jak moc jsem zbožňoval sýr: nepřekvapí vás, že jsem jako dítě byl trochu při těle!
I became famous in my family for just how much I loved cheese: you won't be surprised to hear I was a little on the chubby side as a child!

Tam, kde jsem v Normandii vyrůstal, jsem mohl v dáli vidět Jersey, jeden z Normanských ostrovů patřících ke Spojenému království.
Where I used to live in Normandy, I grew up being able to see Jersey, one of the Channel Islands that belong to the United Kingdom.

Můj dědeček si mě vždy posadil na koleno a vyprávěl mi o Anglii a o časech, kdy na ostrovy jezdil trajektem.
My granddad used to sit me on his knee and tell me stories about England and the times he had visited the islands on the ferry.

Poněvadž jsem byl mladý a zvědavý, chtěl jsem tam jet taky.
As I was young and curious, I wanted to go there.

A až bych tam dojel, chtěl jsem jíst sýr!

And when I got there, I wanted to eat cheese!

Tak jsme se jednoho dne rozhodli nasednout na trajekt z města jménem St Malo a podniknout krátký výlet na ostrov.
So one day we all agreed to catch the ferry from a town called St Malo and made the short journey to the island.

Byla to má první návštěva zahraničí a pamatuji se, že jsem měl pocit, že tam všechno bylo jiné: jazyk zněl podivně, architektura se lišila od všeho, co jsem kdy viděl, a jídlo se nepodobalo ničemu z toho, co jsem kdy doma ochutnal.
It was my first time abroad and I remember thinking how different everything felt: the language sounded peculiar, the architecture was different to anything I had ever seen and the food was nothing like I had tasted at home.

Můj dědeček naštěstí mluvil dobře anglicky, a tak s místním majitelem obchodu zapředl rozhovor o rozdílech v jídle.
Luckily, my granddad could speak good English, and he started a conversation with a local shop owner about the differences in food.

Řekl tomu majiteli obchodu, že miluji sýr, a díky tomu jsem se poprvé dozvěděl o festivalu v Anglii nazvaném "Valení sýra v Cooper´s Hill".
He told the shop owner that I loved cheese, and this is where I first found out about a festival in England called 'Cooper's Hill Cheese Rolling'.

Zjistil jsem, že lidé v Anglii nejen mají sýr, ale že je tak dobrý, že jsou ochotní ho honit z kopce dolů a prát se

o něj s ostatními lidmi.
I found out that not only did people in England have cheese, but it was so good they were willing to chase it down a hill and fight other people for it.

Festival, kde je jídlo tak chutné, že ho lidé doslova pronásledují?
A festival where people chased after food because it was so tasty?

Nemohl jsem se dočkat, až tam budu moci jet.
I couldn't wait to go there.

Musel jsem si ale trochu počkat: devítileté děti nemohou jet do Anglie samy.
Well, I had to wait a little while to get there: 9 year olds can't make the journey to England alone.

Čas pro mou návštěvu nastal později, když jsem v Anglii rok studoval v rámci postgraduálního univerzitního kurzu v Londýně.
My time to visit came later, whilst I was in England studying for a year as part of my postgraduate university course in London.

Onen příběh o kutálení sýra z kopce jsem nikdy nezapomněl a když jsem po telefonu mluvil s dědou, řekl mi, že bych se měl vydat na festival v Cooper´s Hill.
The story about chasing cheese down a hill never left me, and while talking to my granddad on the phone, he said that I should make plans to visit the Cooper's Hill festival.

A tak jsem já a tři moji angličtí kamarádi jednoho

odpoledne najednou s doslova stovkami dalších lidí stáli na vrcholku kopce a čekali, až budeme moci honit kousek sýra kutálejícího se ze strmého kopce dolů.

So, three English friends and I found ourselves one afternoon, stood on top of a hill with literally hundreds of other people, waiting to chase a piece of cheese down a steep field.

Šílenost.

Madness.

Festival valení sýra v Cooper´s Hill se koná poblíž města Gloucester a, jak už jeho název napovídá, zahrnuje valení se 9 liber vážícího kusu sýra Double Gloucester z kopce dolů, zatímco se stovky odvážlivců snaží ho chytit.

The Cooper's Hill Cheese Rolling festival is held near the city of Gloucester and, just like the name suggests, involves rolling a 9lbs piece of Double Gloucester Cheese down a hill whilst hundreds of daredevils chase after it.

Každý chce sýr chytit, ale docela často se nikomu nepodaří na něj ani sáhnout: je známo, že na své cestě dolů dosahuje až rychlosti 70 mil za hodinu!

Everyone wants to catch the cheese, but quite often no one manages to get a hand on it: it has been known to get up to speeds of 70mph on its way down!

To se rovná nejvyšší povolené rychlosti na anglických dálnicích.

That's the same as the legal speed limit on an English motorway.

Je to rozhodně neobvyklý způsob, jak si užít sýr: na hony vzdálený našemu rodinnému jídlu na tiché farmě v Normandii.

This is certainly a novel way to enjoy eating cheese: a far cry from eating it with my family on a quiet farm in Normandy.

Jak jsem tak stál na vrcholku kopce a připravoval se na honbu za sýrem, překvapilo mě, kolik různých přízvuků jsem kolem sebe slyšel.

As I stood on top of the hill, getting ready to chase the cheese, I was surprised to hear lots of different accents around me.

Jako dítě jsme si představoval, že budu jediný Francouz v zástupu Angličanů, nezasvěcenec účastnící se zábavy místních podivínů.

As a child I had imagined being the only Frenchman among a sea of English people, an outsider joining in the fun of all the eccentrics around me.

Ale zaslechl jsem americký přízvuk, skotský přízvuk, přízvuky z celého světa.

But I could hear American accents, Scottish accents, accents from all over the world.

Panovala tam skvělá atmosféra: spousta lidí cestovala z daleka, aby se mohli tohoto podivného festivalu zúčastnit.

There was a great atmosphere: a lot of people have travelled a long way to take part in this strange festival.

Jak jsem tam stál, uviděl jsem, že přijela ambulance, aby se připravila na nadcházející honbu z kopce dolů.

As I stood at the top, I could see that an ambulance had arrived in preparation for the chase down the hill that was about to happen.

Tohle začíná být vážné, pomyslel jsem si! Jelikož tohle byl první závod, který se to odpoledne konal, neměl jsem možnost sledovat, jak z kopce běží ostatní.
This is getting serious, I thought! As this was the first race of the afternoon, I hadn't had the chance to see anyone else running down the hill.

Nevěděl jsem, co od toho očekávat.
I didn't know what to expect.

Srdce mi prudce bušilo.
My heart was thumping.

Přestal jsem přemýšlet nad sýrem a začal se strachovat o to, jak bych si mohl ublížit.
I'd stopped thinking about the cheese and started worrying about what kind of damage I was about to do to myself!

Těsně před tím, než měl závod začít, mi jeden člověk stojící vedle mě řekl, že loni odvezli do nemocnice přes 20 lidí.
Just as the race was about to start, one of the people next to me told me that over 20 people were taken to hospital the year before.

Sanitka měla tolik práce s odvážením a přivážením lidí z nemocnice, že závod dokonce musel být odložen...
The ambulance was so busy taking people backwards and forward from the hospital that the race

even had to be delayed....

Jakmile to dořekl, ozvalo se zapískání na znamení, že nastal čas pronásledování sýra.
Just as he said this, the whistle went to signal that it was our turn to chase the cheese.

Muž v obleku s potiskem britské vlajky odvalil obrovské kolo sýra k úpatí kopce a to se začalo obrovskou rychlostí řítit dolů.
A man dressed in a Union Jack suit rolled a huge circle of cheese down the hill and it was flying down the hill at great speed.

Jelikož jsem stál vzadu, viděl jsem muže I ženy, jak za ním běží: mnozí z nich měli na sobě kostýmy, někteří měli ochranné oblečení.
As I stood at the back, I saw both men and women running after it: many were in fancy dress, some had protective clothing on.

Proletěl kolem mě chlápek převlečený za Supermana!
A man dressed as Superman flew past me!

Bylo to celé neskutečné.
It was all very surreal.

Rozhodl jsem se jít pomalu, abych si neublížil, ale mnozí lidé dělali kotrmelce a utíkali velmi rychle.
I decided to go slow to make sure I didn't hurt myself but many others were doing somersaults and running really fast.

Než jsem se naděl, byl jsem dole pod kopcem.

Before I knew it, I was at the bottom of the hill.

Naštěstí jsem nebyl zraněný.
Thankfully, I was not injured.

Rozhlédl jsem se kolem a hledal sýr, ale nebyl nikde k vidění: vyhrál ho člověk oblečený jako Micky Mouse, který s ním utekl a schoval ho před všemi ostatními!
I looked around for the cheese, but it was nowhere to be seen: the person who had won dressed as Micky Mouse had ran off with it and hidden it from the rest of us!

Teď si zřejmě říkáte, jaký smysl mělo jet takovou dálku a ani ten sýr neochutnat.
So you're probably wondering what the point of going all that way was and not even getting to taste the cheese.

Byl jsem zklamaný, že to nedopadlo tak, jak jsem chtěl, ale bylo to pro mě skvělé seznámení s podivnými stránkami anglické kultury.
I was disappointed not to get what I wanted, but it was an excellent introduction to some of the stranger aspects of English culture.

A stejně tak, jak si mě můj dědeček posazoval na koleno a vyprávěl mi o zvláštních věcech, které Angličané kvůli sýru podnikají, budu moci svým vnukům vyprávět I já.
And just as my granddad used to sit me on his knee and tell me about some of the strange things that Englishman will do for cheese, I'll be able to do the same for my grandchildren.

Můj Erasmus v Německu
My Erasmus in Germany

Baví vás cestovat?
Do you like travelling?

Baví vás studovat?
Do you like studying?

Ve Španělsku - a obecně řečeno v celé Evropě - můžete tyto dvě věci zkombinovat: díky stipendiu Erasmus.
In Spain - generally speaking, in all of Europe - you can combine the two things: with an Erasmus scholarship.

Víte co to je?
Do you know what it is?

Stipendia Erasmus jsou udělována Evropou, tedy Evropskou unií, studentům ze všech zemí.
Erasmus scholarships are awarded by Europe, the European Union, to students from all countries.

Tato stipendia vám zajistí místo na jiné evropské univerzitě a malý měsíční příspěvek, díky kterému můžete studovat v cizí zemi, takový "příspěvek na stěhování".
These scholarships give you a university place in another European university and a small monthly

40

grant so that you can study in another country, a "mobility aid".

Každá země může navíc studentům vyplácet vyšší či nižší podporu v závislosti na možnostech každého státu.
Moreover, each country can pay more or less aids to its students, it depends on each state's possibilities.

A cílové země studentům také často pomáhají.
And the target countries often help the students, too.

Navzdory těmto příspěvkům Erasmus podpora často nestačí k tomu, abyste mohli během studií normálně žít.
Despite these aids, Erasmus grants are often not sufficient to live while you study.

Žít ve velkém evropském městě jako Barcelona, Paříž nebo Berlín je velmi nákladné.
It's very expensive to live in a big European city like Barcelona, Paris or Berlin.

Studenty většinou finančně podporují jejich rodiče, aby jim pomohli si tuto zkušenost užít.
Students usually get financial support from their parents in order to be able to live this experience.

Někteří studenti, tak jako já, během Erasmus pobytu pracují.
Some, like me, work during the Erasmus stay.

Získat Erasmus stipendium je velmi těžké.
Getting an Erasmus scholarship is very hard.

Je hodně studentů, kteří by se programu Erasmus chtěli zúčastnit, ale je jen málo volných míst.
There are lots of students who would like to take part in the Erasmus programme, and only a few places.

Musíte projít zdlouhavým, nudným žádacím procesem se spoustou jazykových testů a papírováním.
You have to carry out a lengthy, ponderous application process, with language tests and lots of paperwork.

Pokud jím však projdete, tak jako já, čeká vás nezapomenutelný zážitek.
But if you make it, just like me, it will be an unforgettable experience.

Jmenuji se Ramon a je mi dvacet šest let.
My name is Ramon and I'm twenty-six years old.

Brzy dokončím studium medicíny.
I'm finishing my medicine studies soon.

Doufám, že ze mě bude dobrý lékař.
I hope I will be a good doctor soon.

Je to má vášeň.
It's my passion.

Chtěl bych pomáhat pacientům a léčit je.
I would like to help patients and to heal them.

Úloha doktora je velmi důležitá.
A doctor's task is very important.

Nemocnice a lékařské operace existují právě díky nám.
Hospitals and doctor's surgeries exist thanks to us.

Práce v nemocnici je dost namáhavá, a to pro lékaře I pro zdravotní sestry.
Working in hospitals is quite hard, both for doctors and nurses.

Minulý rok jsem měl tu možnost zúčastnit se programu Erasmus.
Last year I had the chance to take part in an Erasmus scholarship.

Nejdříve jsem chtěl jet do Francie.
At first I wanted to go to France.

Proč Žiji totiž s rodinou poblíž Barcelony, Francie není tak daleko.
Why? Well, I live with my family in a place near Barcelona, France is not far away.

Krom toho je zdejší jazyk podobný španělštině a ještě podobnější katalánštině, kterou také mluvím.
Besides this, the language is similar to Spanish and even more similar to Catalan, which I also speak.

Po podání žádosti o stipendium a jazykových testech (angličtina, francouzština...) jsem musel několik měsíců čekat.
After applying for the scholarship and doing the language tests (English, French...) I had to wait for some months.

To čekání bylo hrozně dlouhé!
It was such a long wait!

Začal jsem si kupovat knihy ve francouzštině, poslouchal jsem francouzskou hudbu a dokonce I francouzské rádio.
I started to buy books in French, I listened to French music and also to the French radio.

Pak konečně nastal den oznámení výsledků.
The results' day finally came.

Ty byly vyvěšeny v univerzitní hale.
They were put up in the university's foyer.

Hledal jsem své jméno mezi studenty, kteří obdrželi Erasmus ve Francii, ale nebylo tam.
I looked for my name among the students who had received an Erasmus place for France, and I wasn't there.

To pro mě byla drsná rána!
That was a serious blow for me!

Nebyl jsem mezi těmi, kdo získali stipendium, ani mezi náhradníky... Divné...
I was neither among those who had received a scholarship, nor among the substitutes... Weird...

Podíval jsem se na seznam ještě jednou a pak jsem to uviděl: Získal jsem stipendium v Německu.
I looked at the lists once more and then I saw it: I had received a scholarship for Germany.

Německo?!

Germany?!

Co bych tam měl dělat?, napadlo mě okamžitě.
What should I do there?, I thought immediately.

Zašel jsem do správní kanceláře, abych si promluvil s vedoucím, a nebylo pochyb: nikdo se nepřihlásil do Německa a na základě bodů to bylo to jediné, co mi mohli přidělit.
I went to the administrative office to speak to the manager and there was no doubt: nobody had applied for Germany and, on the basis of points, it was the only one they could give me.

Pokud bych nepřijal, pravděpodobně bych nezískal žádné Erasmus stipendium a ani všechny příležitosti s ním spojené.
If I didn't accept, I would probably get no Erasmus scholarship, with all the opportunities which were related to it.

Doma mě hned rodiče I sestra povzbuzovali, abych jel.
Once at home, my parents and sister encouraged me to go on.

Německo je ekonomicky silná země, jazyk je možná složitý, ale určitě bych měl možnost se tam hodně naučit.
Germany was an economically strong country, perhaps with a difficult language, but I would surely have the chance to learn a lot there.

Na konci léta jsem tedy odletěl do Berlína, abych v Německu začal svůj akademický rok.

So after that summer I flew to Berlin to start my academic year in Germany.

Hodně mi pomohlo, že moji kolegové chodili na přednášky a kurzy v angličtině.
The fact that my colleagues attended lessons and courses in English helped me a lot.

První týdny pro mě byly hodně těžké.
The first weeks were really tough for me.

Nerozuměl jsem ani lidem na ulici ani svým kolegům a dny byly stále kratší.
I didn't understand neither the people on the street nor my colleagues and the days got shorter and shorter.

Brzy ale přišla chvíle, která mi změnila život: Oktoberfest neboli německý pivní festival, jak mu říkáme ve Španělsku.
But soon came a moment which changed my life: the Oktoberfest, or the German beer festival, as we call it in Spain.

Je to velký festival, který se většinou koná v Mnichově na jihu Německa a který vzdává hold jednomu z hlavních německých výrobků: pivu.
It's a big festival which usually takes place in Munich, in the south of Germany and pays homage to one of Germany's main products: beer.

Jedna moc sympatická dívka z mého kurzu mě pozvala, abych s ní a s jejími přáteli jel do Mnichova a zažil atmosféru místního festivalu, a já se rozhodl její pozvání přijmout.

A very likeable girl from my course invited me to travel to Munich with her and her friends and to experience the festival's atmosphere there, and I decided to accept her invitation.

Byl to jeden z nejlepších týdnů mého života!
It was one of the best weeks in my life!

Poznal jsem spoustu lidí z celého světa, snědl jsem spoustu klobás, zelí, preclíků a dalších německých specialit...
I met lots of people from all over the world, ate lots of sausages, sauerkraut, pretzels, and other German specialities...

A samozřejmě jsem ochutnal některé z nejvybranějších piv, jaké jsem kdy pil.
And of course I tasted some of the most exquisite beers I drank in my life.

Během tohoto víkendu jsem se naučil spoustu německých slov, která mi pomohla vypořádat se s každodenním životem: jak si něco objednat, jak se představit novým známým, jak se pohybovat po neznámém městě...
During that weekend I learnt many things in German which helped me cope with everyday life: how to order something, how to introduce yourself to new acquaintances, how to move in a city you don't know...

Greta se od té doby stala jednou z mých nejlepších přátel a díky ní a jejím kamarádům jsem zblízka poznal německé zvyky.

47

Greta has become one of my best friends since then, and thanks to her and her group of friends I got to know German habits from close up.

Brzy nastala ona hrozivá, chladná berlínská zima.
Soon came the terrible, cold Berlin winter.

Když žijete v Barceloně, je velmi těžké vyrovnat se s teplotou deset stupňů pod nulou, jak si jistě dokážete představit.
If you live in Barcelona, it's very hard to experience temperatures of ten degrees below zero, as you can surely imagine.

Navíc jsem díky oddělení práce na Berlínské univerzitě mohl začít s praktickým školením v malé nemocnici, která se specializovala na péči o děti postižené rakovinou.
Moreover, thanks to Berlin's university's job board I could start a practical training in a small hospital in the city, which was specialised in the care of children affected by cancer.

Bylo to pro mě velmi těžké, ale díky těm dětem jsem se toho hrozně moc naučil, nikdy na to nezapomenu.
It was very hard for me, but I have learnt so much with those kids, I'll never forget it.

Abych se dostal na přednášky a do práce, jezdil jsem na kole, což je v tomto městě jeden z nejpoužívanějších způsobů dopravy.
To reach my lessons and work I moved by bike, which is one of the city's most widely used means of transport.

Koupil jsem si staré kolo z druhé ruky na jednom z víkendových bleších trhů.

I bought an old second-hand bike in one of the weekend flea markets.

Víkendové bleší trhy jsou jednou z nejtypičtějších charakteristik Berlína.

It was one of Berlin's more typical things, the weekend flea market.

A tak jsem si kousek po kousku zorganizoval svůj život a když přišlo jaro spolu s posledními dny mého Erasmus pobytu, nemohl jsem uvěřit, jak rychle to uteklo.

So I organised my life little by little, and when spring came, near the last days of my Erasmus stay, I couldn't believe how fast everything had passed.

Udržuji přátelství, která jsme tam navázal, a chtěl bych se tam brzy vrátit.

I keep my friendships from there and I would like to come back there soon.

Navzdory všemu, co jsem se tam naučil, pořád neumím spoustu německých slov správně vyslovit!

Despite everything I have learnt, I still can't pronounce many German words correctly!

Jednou týdně navštěvuji jazykovou školu, abych jazyk nezapomněl a procvičoval ho.

I attend a language school once a week not to forget the language and to practise it further.

Krom toho se o víkendu scházím s dalšími Erasmus studenty, kteří do Barcelony přijeli z Německa, a pořádáme jazykový tandem.

Besides that, at the weekend I meet other Erasmus students who have come to Barcelona from Germany and we have a language tandem.

Je to velká zábava, a potkávám tak více a více zajímavých lidí.

It's very funny and I meet more and more interesting people.

Doporučuji vám proto vyzkoušet Erasmus pobyt, pokud máte tu možnost.

So I recommend you to try an Erasmus stay, if you can.

Je to jedna z nejlepších zkušeností mého života.

It's one of the best experiences of my life.

CZECH

Spojené státy... „ Na čtyřech kolech "

Jmenuji se Susana a je mi dvacet osm let. Žiji ve městě Girona v Katalánsku. To se nachází severně od Barcelony, jen hodinu jízdy autem. Je to jedno z nejkrásnějších, nejpoklidnějších a nejstarších měst v Katalánsku. Pokud se vám naskytne možnost ho navštívit, určitě si nenechte ujít centrum: tam to vypadá, jako kdybychom stále ještě žili ve středověku!

Miluji cestování, ale mám vlastní společnost, a tak nemohu cestovat příliš často. Je to škoda, ale musím se neustále starat o svou firmu. I když ve skutečnosti je to malý rodinný podnik: restaurace. Tuto restauraci před více jak šedesáti lety založili moji prarodiče, což je neuvěřitelné, nemyslíte? Nicméně minulý rok jsem měla to štěstí restauraci po konci léta na pár dní zavřít. Konečně mě čekala moje zasloužená dovolená!

Je ale tolik zajímavých a krásných míst... Kam se vydat? Jedním z mých snů bylo poznat "divoký západ" Ameriky. Když jsem byla malá, moji prarodiče mě v restauraci hlídali a po obědě mi v televizi pouštěli westerny. Všechny jsem je při psaní úkolů nebo svačině nadšeně sledovala... Proto jsem se rozhodla vyrazit na západ Spojených států. Spoustu mých přátel už tam bylo a já jim záviděla všechny jejich historky, ale alespoň mi mohli dát užitečné rady. Mohla se mnou jet I moje nejlepší kamarádka Marta. Marta pracuje jako učitelka a byl to zázrak, že jsme ten rok měly dovolenou ve stejnou dobu!

Díky internetu je v dnešní době velmi snadné připravit se na výlet na západ Spojených států. Pokud mluvíte španělsky, existuje několik webových stránek, které jsou pro plánování výletů velmi užitečné - moje oblíbená je losviajeros. Proč mě tak zaujala? Jedná se totiž o fórum, kde přispívají skuteční cestovatelé, kteří daná místa už navštívili a mohou se s ostatními podělit o své zkušenosti, komentovat, vyjádřit své názory, rady a triky... To se hodí.

Připravovala jsem se na cestu a celý týden trávila rezervováním hotelů, motelů a samozřejmě letenek. Nerada řídím a moje kamarádka Marta taky ne, tak jsem se snažila zarezervovat lístky na vlaky, autobusy a další spoje, abychom se mohly dopravit z jednoho místa na druhé... To však bylo velmi složité! Pak jsem si na fóru přečetla, že... Nejlepší způsob, jak cestovat napříč Spojenými státy, je autem! V té chvíli se zdálo, že se naše dovolená nezdaří. Marta I já jsme špatné řidičky. Co jsme mohly dělat?

Marta řekla, že to není vůbec žádný problém. Byla si jistá, že si spolu řízení auta dokonce užijeme. Nicméně jsme si, jen tak pro jistotu, řízení pár dní před odjezdem nacvičovaly. Nechtěly jsme, aby se cokoliv pokazilo!

Když jsme dorazily do Spojených států, ze všeho nejdříve jsme si vyzvedly naše pronajaté auto. Měly jsme auto jen pro sebe! Byly jsme šťastné, natěšené a plné očekávání! Připadalo mi, že třináctihodinový let trval jen dvě hodiny. Měly jsme před sebou tisíce kilometrů a chtěly jsme vyrazit co nejdříve.

Když jsme vešly do kanceláří půjčovny aut, málem jsme omdlely. Byla tam příšerně dlouhá fronta lidí a bylo nám řečeno, že bude trvat nejméně hodinu, než dostaneme naše auto. To bylo dost nudné. Proč si tolik lidí půjčuje auto? Ve Španělsku není zrovna běžné, aby si lidé na výlet pronajímali auto. To většinou děláme jen, když jedeme například někam na ostrov. Ve zbytku země ale jezdí spousta vlaků a autobusů, které vás kamkoliv dopraví. Brzo jsme však zjistily, proč si tolik lidí chtělo půjčit auto - Spojené státy jsou obrovské! A k našemu překvapení tam není žádný systém hromadné dopravy, která by jezdila tak často jako ve Španělsku. Proto při cestě napříč touhle zemí potřebujete auto nebo je to s ním alespoň mnohem lepší: můžete cestovat rychleji a pohodlněji, ať už jedete kamkoli.

Konečně jsme byly na řadě. Moje kamarádka Marta mluví velmi dobře anglicky a se slečnou, která nás u přepážky obsluhovala, jsme si perfektně rozuměly. Za pár minut jsme dostaly klíčky k našemu autu. Zarezervovaly jsme si malé auto, protože to nám dvěma bohatě stačilo... Ale podvedli nás! Dostaly jsme obrovské červené SUV! Myslely jsme si, že se spletli, ale ve skutečnosti jsme se spletly my. Dívka na pokladně nás předtím informovala, že jim došla malá auta, a museli nám proto dát tohle obří vozidlo. Však víte... Jazyková bariéra.

Do našeho obrovitého auta jsme musely takřka "vyšplhat". Jakmile jsme byly uvnitř, v úžasu jsme zíraly na všechny vymoženosti, které v autě byly: GPS, rádio, satelitní rádio a kamera pro snazší parkování! Mít podobné auto ve Španělsku by byl skutečný přepych, naše auta většinou nemají takovéto "nadstandardní" vybavení. Marta auto

54

nastartovala a... Tak počkat! Kde je spojka? A řadící páka? Nemůžeme nikam jet! To pro nás bylo první překvapení... Ve Spojených státech mají téměř všechna auta automatické řazení! Ve Španělsku je to přesně naopak. Nicméně musím uznat, že... Je mnohem pohodlnější řídit v "americkém stylu" a chybí mi, jak tam bylo všechno jednoduché.

Po chvíli zmatku jsme se dostaly na silnici. Přistály jsme v Los Angeles a naší první zastávkou byla pláž - chtěly jsme přespat v Santa Barbaře. Přicházelo jedno překvapení za druhým: silnice byly obrovské! Ve Spojených státech je běžné, aby na dálnici bylo více jak čtyři nebo pět pruhů, zatímco ve Španělsku máme jen dva nebo možná tři. Po těchto komických začátcích jsme se párkrát ztratily, ale nakonec jsme dorazily do Santa Barbary. Strávily jsme tam pár úžasných dní, ale brzy jsme musely odjet, poněvadž jsme několik nocí chtěly strávit v Las Vegas.

Po odjezdu jsme bez toho, aniž bychom si to uvědomovaly, vjely na silnici s menším provozem. Na některých cedulích byly nákresy připomínající dolary... Možná že tam byla placená silnice? Neměly jsme tušení. Po chvíli jsme dojely do části s mnohem hustším provozem. O několik měsíců později nám domů přišla pokuta: nevědomky jsme projely okolo pokladny na mýtné! Ve Španělsku mají totiž všechny tyto pokladny závory, ale tam žádné závory nebyly a my jsme nevěděly, že musíme zaplatit. To bylo jen pár z našich "malých dobrodružství" ve Spojených státech, zemi, kterou jsme nakonec moc rády projely na čtyřech kolech.

Povím vám ještě o jednom posledním, které vás dozajista rozesměje. Když jsme se poprvé pokusily natankovat, skoro jsme to nezvládly. Tamní benzinové čerpadlo bylo tak složité, že jsme nevěděly co s ním. Nakonec nám moc milá stará paní (skoro osmdesátiletá!) přišla pomoc, aby nám mladicím pomohla "pochopit" tamní technologii. Navzdory všemu náš výlet do Spojených států zopakujeme a těšíme se, až budeme moci pokračovat v objevování této krásné země na čtyřech kolech.

Dobrodružství v La Tomatina

Jmenuji se Sean a je mi 21 let. Jsem z New Yorku, ale šest měsíců už žiji v Barceloně. Studuji španělskou literaturu a mám hrozné štěstí, že mohu tímto způsobem zažít Španělsko. Nicméně občas se přihodí šílené a legrační věci jako třeba ta, o které vám dnes povím.

Do Španělska jsem dorazil v březnu a od té doby žiji s několika velmi sympatickými kluky a holkami, s nimiž sdílím skvělý byt v centru Barcelony. Je úžasné bydlet v centru tak krásného města. Všechno je velmi blízko, dokonce I univerzita. V našem bytě bydlím se třemi spolubydlícími. Sara je ze Seville; je jí 26 let a studuje architekturu. José je z Barcelony; je mu 20 let, studuje inženýrství a miluje fotbal. A nakonec je tu Andrea, dívka původem z jižní Francie. Ta studuje reklamu a také tancuje flamengo. Jsou neuvěřitelní, nemyslíte? Moc dobře spolu vycházíme a žít s nimi mi moc vyhovuje.

Znáte Barcelonu? Je to jedno z největších měst ve Španělsku a nachází se u pobřeží na severovýchodě země. Má proto výhody velkého města I blízké pláže. Barcelona je navíc obklopena horami a leží blízko Pyrenejí, nejvyšších hor ve Španělsku, kde se dá lyžovat celou zimu a částečně I na jaře. To je to správné místo k životu, nemyslíte?

Jaro v Barceloně rychle uteklo. Během dne jsem měl hodně práce se studiem a po večerech jsem hrál fotbal s Josém a jeho týmem. Ve Španělsku semestr končí v červnu. Všechny mé zkoušky jsem složil s velmi dobrými známkami. Teď jsem měl před sebou celé léto, spoustu plánů, nedalekou pláž a spoustu přátel, s nimiž jsem mohl trávit čas. Ve Španělsku se navíc v létě v každé vesnici konají tradiční a oblíbené slavnosti, o kterých jsem slyšel, ale mnoho z nich mi připadalo zvláštních a moc jsem jim nerozuměl.

Můj kamarád José mi jednoho dne v červenci zavolal a pozval mě na festival ve vesnici poblíž Valencie, kam v srpnu pojede. Řekl mi, že to bude ten největší festival, jaký kdy v životě navštívím, a že si ho nemohu nechat ujít. Zeptal jsem se ho: „ Proč je ten festival tak úžasný? " Ale on... Neřekl mi ani slovo! Řekl mi, že chce, aby to pro mě bylo překvapení, a že mi prozradí jen jméno onoho festivalu. Jmenoval se "Tomatina". V dnešní době samozřejmě existuje spousta webových stránek a míst, kde jsem si mohl najít informace o tom tajemném "La Tomatina", ale musel jsem kamarádovi slíbit, že si o festivalu nebudu nic zjišťovat.

José koupil dva lístky na autobus a přinesl je domů. Díky tomu jsem zjistil, že ta vesnice, kam na onu party pojedeme, se jmenuje "Buñol". Konečně jsem tak věděl něco víc o tom tajemném letním festivalu, kam jsem měl jet! Buñol je však velmi malá vesnice uprostřed Valencie. Jaký druh "velkého" festivalu se může konat v tak malém městečku? Záhada pokračovala. Týden před slavností mi Sara, moje spolubydlící, vysvětlila, co znamená "Tomatina". "Tomatina" označuje něco jako malé rajče. Co to je za festival? Festival hledání toho nejmenšího rajčete na světě? To je ale blbost! Jak si asi dokážete představit, v tu chvíli jsem se těšil na flámování, ale současně jsem pořád přemýšlel nad tím, kam se to sakra vydávám?

V den konání "Tomatina" jsme vstali velmi brzy - ve tři hodiny ráno! Rychle jsme se nasnídali a pospíchali jsme na autobusové nádraží. Tam bylo spoustu mladých studentů jako my, byly jich celé stovky a čekaly na autobusy do vesnice Buňol. Sedli jsme si, čekali jsme na náš autobus a já se začal bavit s jednou dívkou z Francie. Jmenovala se Anne a řekla mi, že Tomatina byl ten nejlepší festival, na jakém kdy v životě byla. A tohle byl už třetí rok v řadě, kdy cestovala do Buňolu, aby tam byla v době konání Tomatina! Nějakou dobu jsem si povídal s Anne. Nemluvila španělsky a její angličtina byla hrozně zvláštní - měla srandovní francouzský přízvuk, když mluvila anglicky - ale byla moc milá. A taky byla moc krásná, blonďatá, se světlou pletí a zelenýma očima. Museli jsme se však rozloučit, protože její autobus měl číslo 15 a můj číslo 8. Jaká škoda! Nemyslíte?

Už v autobuse se konala jedna velká party. Byl plný mladých lidí, kteří se chtěli bavit. Všichni zpívali písničky (ve španělštině, takže jsem moc nerozuměl, byly moc složité) a pili sangrii, poněvadž bylo ten den horko. A cesta trvala hrozně dlouho! Trvalo více jak pět hodin, než jsme dorazili na slavné Tomatina! Konečně jsme dojeli do Buňolu. Byly tam tisíce lidí! Všichni byli ve skvělé náladě a hodně lidí mělo na sobě potápěčské brýle, plavky, šortky, sandále, nepromokavé klobouky... Na co jim všechny ty věci byly? Kousek po kousku jsme došli do centra vesnice, kde už nebylo skoro žádné místo. Najednou začala hrát hudba a lidé všude okolo začali tančit. Byla tohle Tomatina? Nezdálo se mi to tak úžasné.

Hudba vycházela z obrovských nákladáků. Na nich stáli lidé, kteří do ulic něco házeli. Co to bylo? Něco červeného a kulatého... Vypadalo to jako... To byla rajčata! V tu chvíli jsem se začal smát! Můj kamarád José se mě zeptal: Tak co si myslíš? Nemohl jsem být šťastnější!

Bylo to naprosto šílené. Představte si: tisíce lidí se smějí, skáčou, tančí a házejí po sobě rajčata! Postupně se všechno zbarvilo do červena a všichni se náramně bavili. Slavnost Tomatina začala brzy a trvala celé dopoledne. Ke konci jsem byl od hlavy až k patě celý od rajčat; sám jsem byl stejně červený jako to rajče. I když tomu nemůžete uvěřit, je to naprostá pravda! Víte, co bylo ze všeho nejlepší? Když bylo po všem, lidé zůstali na ulicích, hudba nepřestávala hrát a party pokračovala! Proto jsme tam zůstali celý den, jedli jídlo typické pro Valencii, paellu, a pili typický nápoj, sangrii.

Po obědě jsme se rozhodli jít na procházku po vesnici. Když jsme se dostali na hlavní náměstí, uviděli jsme poslední překvapení toho dne... Byla tam Anne! Šli jsme k ní a ona nás představila svým přátelům. V tu chvíli začala taneční party a my všichni zůstali, tančili jsme a povídali si. Užili jsme si spoustu srandy a myslím si, že to byl začátek skvělého přátelství.

Od té doby jsme já a Anne byli společně na spoustě oslav a myslím si, že ji brzo pozvu do kina. Od teď, pokud všechno půjde dobře, bude Tomatina více než jen velká party, ale také místo, kde můžete najít lásku. Kdo ví?

Festival valení sýra

Jmenuji se Robert a povím vám příběh o tom, jak jsem se octl uprostřed pole v Anglii a zběsile se hnal za sýrem valícím se z kopce dolů.

Vyrůstal jsem v malé francouzské vesnici v Normandii, a jídlo tak bylo odjakživa velkou součástí našeho rodinného života. Jídlo představovalo příležitost pro to, aby se celá rodina sešla, vyprávěli jsme si historky a užívali si jeden druhého. Moje oblíbená část jídla bylo, když na stůl přinesli sýr, a jelikož jsem vyrůstal ve Francii, byl jsem zvyklý na nespočet druhů - napříč celou zemí se vyrábí na 400 různých druhů sýra a řekl bych, že jsem je ochutnal všechny. Nezáleželo na tom, o jaký typ sýra se jednalo - kozí, ovčí, plísňový, kraví - když tam byl, tak jsem ho snědl. V rodině jsem byl známý tím, jak moc jsem zbožňoval sýr: nepřekvapí vás, že jsem jako dítě byl trochu při těle!

Tam, kde jsem v Normandii vyrůstal, jsem mohl v dáli vidět Jersey, jeden z Normanských ostrovů patřících ke Spojenému království. Můj dědeček si mě vždy posadil na koleno a vyprávěl mi o Anglii a o časech, kdy na ostrovy jezdil trajektem. Poněvadž jsem byl mladý a zvědavý, chtěl jsem tam jet taky. A až bych tam dojel, chtěl jsem jíst sýr! Tak jsme se jednoho dne rozhodli nasednout na trajekt z města jménem St Malo a podniknout krátký výlet na ostrov. Byla to má první návštěva zahraničí a pamatuji se, že jsem měl pocit, že tam všechno bylo jiné: jazyk zněl podivně, architektura se lišila od všeho, co jsem kdy viděl, a jídlo se nepodobalo ničemu z toho, co jsem kdy doma ochutnal. Můj dědeček naštěstí mluvil dobře anglicky, a tak s místním majitelem obchodu zapředl rozhovor o rozdílech v jídle. Řekl tomu majiteli obchodu, že miluji sýr, a díky tomu jsem se poprvé dozvěděl o festivalu v Anglii nazvaném "Valení sýra v Cooper´s Hill". Zjistil jsem, že lidé v Anglii nejen mají sýr, ale že je tak dobrý, že jsou ochotní ho honit z kopce dolů a prát se o něj s ostatními lidmi. Festival, kde je jídlo tak chutné, že ho lidé doslova pronásledují? Nemohl jsem se dočkat, až tam budu moci jet.

Musel jsem si ale trochu počkat: devítileté děti nemohou jet do Anglie samy. Čas pro mou návštěvu nastal později, když jsem v Anglii rok studoval v rámci postgraduálního univerzitního kurzu v Londýně. Onen příběh o kutálení sýra z kopce jsem nikdy nezapomněl a když jsem po telefonu mluvil s dědou, řekl mi, že bych se měl vydat na festival v Cooper´s Hill. A tak jsem já a tři moji angličtí kamarádi jednoho odpoledne najednou s doslova stovkami dalších lidí stáli na vrcholku kopce a čekali, až budeme moci honit kousek sýra kutálejícího se ze strmého kopce dolů. Šílenost.

Festival valení sýra v Cooper´s Hill se koná poblíž města Gloucester a, jak už jeho název napovídá, zahrnuje valení se 9 liber vážícího kusu sýra Double Gloucester z kopce dolů, zatímco se stovky odvážlivců snaží ho chytit. Každý chce sýr chytit, ale docela často se nikomu nepodaří na něj ani sáhnout: je známo, že na své cestě dolů dosahuje až rychlosti 70 mil za hodinu! To se rovná nejvyšší povolené rychlosti na anglických dálnicích. Je to rozhodně neobvyklý způsob, jak si užít sýr: na hony vzdálený našemu rodinnému jídlu na tiché farmě v Normandii.

Jak jsem tak stál na vrcholku kopce a připravoval se na honbu za sýrem, překvapilo mě, kolik různých přízvuků jsem kolem sebe slyšel. Jako dítě jsme si představoval, že budu jediný Francouz v zástupu Angličanů, nezasvěcenec účastnící se zábavy místních podivínů. Ale zaslechl jsem americký přízvuk, skotský přízvuk, přízvuky z celého světa. Panovala tam skvělá atmosféra: spousta lidí cestovala z daleka, aby se mohli tohoto podivného festivalu zúčastnit.

Jak jsem tam stál, uviděl jsem, že přijela ambulance, aby se připravila na nadcházející honbu z kopce dolů. Tohle začíná být vážné, pomyslel jsem si! Jelikož tohle byl první závod, který se to odpoledne konal, neměl jsem možnost sledovat, jak z kopce běží ostatní. Nevěděl jsem, co od toho očekávat. Srdce mi prudce bušilo. Přestal jsem přemýšlet nad sýrem a začal se strachovat o to, jak bych si mohl ublížit. Těsně před tím, než měl závod začít, mi jeden člověk stojící vedle mě řekl, že loni odvezli do nemocnice přes 20 lidí. Sanitka měla tolik práce s odvážením a přivážením lidí z nemocnice, že závod dokonce musel být odložen...

Jakmile to dořekl, ozvalo se zapískání na znamení, že nastal čas pronásledování sýra. Muž v obleku s potiskem britské vlajky odvalil obrovské kolo sýra k úpatí kopce a to se začalo obrovskou rychlostí řítit dolů. Jelikož jsem stál vzadu, viděl jsem muže I ženy, jak za ním běží: mnozí z nich měli na sobě kostýmy, někteří měli ochranné oblečení. Proletěl kolem mě chlápek převlečený za Supermana! Bylo to celé neskutečné. Rozhodl jsem se jít pomalu, abych si neublížil, ale mnozí lidé dělali kotrmelce a utíkali velmi rychle. Než jsem se naděl, byl jsem dole pod

63

kopcem. Naštěstí jsem nebyl zraněný. Rozhlédl jsem se kolem a hledal sýr, ale nebyl nikde k vidění: vyhrál ho člověk oblečený jako Micky Mouse, který s ním utekl a schoval ho před všemi ostatními!

Teď si zřejmě říkáte, jaký smysl mělo jet takovou dálku a ani ten sýr neochutnat. Byl jsem zklamaný, že to nedopadlo tak, jak jsem chtěl, ale bylo to pro mě skvělé seznámení s podivnými stránkami anglické kultury. A stejně tak, jak si mě můj dědeček posazoval na koleno a vyprávěl mi o zvláštních věcech, které Angličané kvůli sýru podnikají, budu moci svým vnukům vyprávět I já.

Můj Erasmus v Německu

Baví vás cestovat? Baví vás studovat? Ve Španělsku - a obecně řečeno v celé Evropě - můžete tyto dvě věci zkombinovat: díky stipendiu Erasmus. Víte co to je?

Stipendia Erasmus jsou udělována Evropou, tedy Evropskou unií, studentům ze všech zemí. Tato stipendia vám zajistí místo na jiné evropské univerzitě a malý měsíční příspěvek, díky kterému můžete studovat v cizí zemi, takový "příspěvek na stěhování". Každá země může navíc studentům vyplácet vyšší či nižší podporu v závislosti na možnostech každého státu. A cílové země studentům také často pomáhají.

Navzdory těmto příspěvkům Erasmus podpora často nestačí k tomu, abyste mohli během studií normálně žít. Žít ve velkém evropském městě jako Barcelona, Paříž nebo Berlín je velmi nákladné. Studenty většinou finančně podporují jejich rodiče, aby jim pomohli si tuto zkušenost užít. Někteří studenti, tak jako já, během Erasmus pobytu pracují.

Získat Erasmus stipendium je velmi těžké. Je hodně studentů, kteří by se programu Erasmus chtěli zúčastnit, ale je jen málo volných míst. Musíte projít zdlouhavým, nudným žádacím procesem se spoustou jazykových testů a papírováním. Pokud jím však projdete, tak jako já, čeká vás nezapomenutelný zážitek.

Jmenuji se Ramon a je mi dvacet šest let. Brzy dokončím studium medicíny. Doufám, že ze mě bude dobrý lékař. Je to má vášeň. Chtěl bych pomáhat pacientům a léčit je. Úloha doktora je velmi důležitá. Nemocnice a lékařské operace existují právě díky nám. Práce v nemocnici je dost namáhavá, a to pro lékaře I pro zdravotní sestry.

Minulý rok jsem měl tu možnost zúčastnit se programu Erasmus. Nejdříve jsem chtěl jet do Francie. Proč? Žiji totiž s rodinou poblíž Barcelony, Francie není tak daleko. Krom toho je zdejší jazyk podobný španělštině a ještě podobnější katalánštině, kterou také mluvím. Po podání žádosti o stipendium a jazykových testech (angličtina, francouzština...) jsem musel několik měsíců čekat. To čekání bylo hrozně dlouhé! Začal jsem si kupovat knihy ve francouzštině, poslouchal jsem francouzskou hudbu a dokonce I francouzské rádio.

Pak konečně nastal den oznámení výsledků. Ty byly vyvěšeny v univerzitní hale. Hledal jsem své jméno mezi studenty, kteří obdrželi Erasmus ve Francii, ale nebylo tam. To pro mě byla drsná rána! Nebyl jsem mezi těmi, kdo získali stipendium, ani mezi náhradníky... Divné... Podíval jsem se na seznam ještě jednou a pak jsem to uviděl: Získal jsem stipendium v Německu. Německo?! Co bych tam měl dělat?, napadlo mě okamžitě.

Zašel jsem do správní kanceláře, abych si promluvil s vedoucím, a nebylo pochyb: nikdo se nepřihlásil do Německa a na základě bodů to bylo to jediné, co mi mohli přidělit. Pokud bych nepřijal, pravděpodobně bych nezískal žádné Erasmus stipendium a ani všechny příležitosti s ním spojené. Doma mě hned rodiče I sestra povzbuzovali, abych jel. Německo je ekonomicky silná země, jazyk je možná složitý, ale určitě bych měl možnost se tam hodně naučit. Na konci léta jsem tedy odletěl do Berlína, abych v Německu začal svůj akademický rok. Hodně mi pomohlo, že moji kolegové chodili na přednášky a kurzy v angličtině.

První týdny pro mě byly hodně těžké. Nerozuměl jsem ani lidem na ulici ani svým kolegům a dny byly stále kratší. Brzy ale přišla chvíle, která mi změnila život: Oktoberfest neboli německý pivní festival, jak mu říkáme ve Španělsku. Je to velký festival, který se většinou koná v Mnichově na jihu Německa a který vzdává hold jednomu z hlavních německých výrobků: pivu. Jedna moc sympatická dívka z mého kurzu mě pozvala, abych s ní a s jejími přáteli jel do Mnichova a zažil atmosféru místního festivalu, a já se rozhodl její pozvání přijmout. Byl to jeden z nejlepších týdnů mého života!

Poznal jsem spoustu lidí z celého světa, snědl jsem spoustu klobás, zelí, preclíků a dalších německých specialit... A samozřejmě jsem ochutnal některé z nejvybranějších piv, jaké jsem kdy pil. Během tohoto víkendu jsem se naučil spoustu německých slov, která mi pomohla vypořádat se s každodenním životem: jak si něco objednat, jak se představit novým známým, jak se pohybovat po neznámém městě...

Greta se od té doby stala jednou z mých nejlepších přátel a díky ní a jejím kamarádům jsem zblízka poznal německé zvyky. Brzy nastala ona hrozivá, chladná berlínská zima. Když žijete v Barceloně, je velmi těžké vyrovnat se s teplotou deset stupňů pod nulou, jak si jistě dokážete představit. Navíc jsem díky oddělení práce na Berlínské univerzitě mohl začít s praktickým školením v malé nemocnici, která se specializovala na péči o děti postižené rakovinou. Bylo to pro mě velmi těžké, ale díky těm dětem jsem se toho hrozně moc naučil, nikdy na to nezapomenu.

Abych se dostal na přednášky a do práce, jezdil jsem na kole, což je v tomto městě jeden z nejpoužívanějších způsobů dopravy. Koupil jsem si staré kolo z druhé ruky na jednom z víkendových bleších trhů. Víkendové bleší trhy jsou jednou z nejtypičtějších charakteristik Berlína. A tak jsem si kousek po kousku zorganizoval svůj život a když přišlo jaro spolu s posledními dny mého Erasmus pobytu, nemohl jsem uvěřit, jak rychle to uteklo. Udržuji přátelství, která jsme tam navázal, a chtěl bych se tam brzy vrátit.

Navzdory všemu, co jsem se tam naučil, pořád neumím spoustu německých slov správně vyslovit! Jednou týdně navštěvuji jazykovou školu, abych jazyk nezapomněl a procvičoval ho. Krom toho se o víkendu scházím s dalšími Erasmus studenty, kteří do Barcelony přijeli z Německa, a pořádáme jazykový tandem. Je to velká zábava, a potkávám tak více a více zajímavých lidí. Doporučuji vám proto vyzkoušet Erasmus pobyt, pokud máte tu možnost. Je to jedna z nejlepších zkušeností mého života.

ENGLISH

United States..."on wheels"

My name is Susana and I am twenty-eight years old. I live in a city in Catalonia, Girona. It is in the north of Barcelone, just an hour to drive by car. It is one of the most beautiful, quietest and oldest cities of Catalonia. If you have the chance to visit it, do not miss to visit the center: it seems like we are still living in the Middle Ages!

I love to travel, but as I run my own business, I cannot travel frequently. It's a pity, but I always have to pay attention to my firm. Well, actually it is a small family business: a restaurant. The restaurant was founded by my grandparents over sixty years ago, incredible, isn't it? However, last year I was lucky and was able to close the restaurant some days after the summer. Finally I should have my deserved vacation!

Now, with so many interesting and wonderful destinations... Where to go? One of my dreams was to get to know the "Wild West" of America. When I was a little girl, my grandparents took care of me in the restaurant and used to put Western films on the TV after lunch. I watched them all and had a lot of fun while doing my homework or having a snack...That's why I decided to go to the West of the United States. I had a lot of friends who had already been there and I was jealous of all their stories, but their advice were very useful to me. My best friend Marta could also come with me. She is a teacher and it was a miracle that we had vacation at the same time that year!

Thanks to the internet, today it is really easy to prepare a trip to the west of the United States. If you talk Spanish, there are a few websites which are very useful to prepare trips, my favourite one is losviajeros. Why I like it so much? Because it´s a forum where real travellers who have visited those destinations share their experience, make comments, give their opinion, tricks and advice... That's very useful.

I was preparing the trip and booking everything during a whole week: hotels, motels and the flights, of course. I don't like driving and neither does my friend Marta, so I tried to book tickets for trains, busses and other means of transport to travel from one site to another... Now that was really difficult! Then I read in a forum that... The best manner to move across the United States is driving! In that moment our trip seemed to fail. Marta and I were terrible drivers. What were we able to do?

Marta said that it wasn't a problem at all. She was sure that together we could even have fun when driving a car. But, just in case, we practiced some days before our voyage. We didn't want anything going wrong!

When we arrived in the United States, we first picked up our rental. We have a car just for us! We were happy, excited and full of expectations! It seemed that the flight of thirteen hours had passed in only two. We had thousands of kilometres in front of us and wanted to start the earlier, the better!

When we arrived to the office of the car rental, we almost fainted. There was such a big queue of people and we were told that it would take at least an hour to get our car! That was very boring. Why were there so many people renting a car? In Spain it is not very common to hire a car on a trip. We usually do it when we travel to an island, for instance. But at the rest of places, there are a lot of trains and busses taking you wherever you want to go. We discovered soon why so many people wanted a car, the United States are enormous! And to our surprise, there is no public transport system with such a frequency and variety as in Spain. That's why you need a car to move across the country, or at least it is much better to have one: you can travel faster and in a more comfortable way wherever you want to go.

Finally we arrived at the counter. My friend Marta talks English very well and we understood ourselves perfectly with the girl who was serving us at the counter. In a few minutes, we received the keys of our car. We had booked a small car, that was enough for the two of us... but what a lie! We got an enormous red SUV! We thought it was a mistake, but actually we had been mistaken. The girl at the counter had adverted that they had run out of small cars and that they had to give us that giant car. You know... Language issues.

We almost had to "climb" to get into that huge car. Once inside, we stared in wonder at all the things the car had: GPS, radio, radio by satellite and a camera to see how to park! In Spain, a car like this would have been a real luxury, our cars usually don't have any of these "extras". Marta started the car and... Just a second! Where is the clutch? And the gear box? We cannot move! That was our first surprise... In the United States, almost all cars are automatic! In Spain it's just the other way round! Nevertheless, I have to admit ... That it is much more comfortable to drive a car with "American style" and I miss a lot that everything is so easy.

After these few moments of confusion, we got on the road. We had landed in Los Angeles and our first destination was the beach, we wanted to sleep at Santa Barbara. The surprises didn't stop: how huge the roads were! More than four or five lanes is usual for highways in the United States, meanwhile we just have a pair of lanes in Spain, or maybe three. After these first funny moments, we got lost a few times and finally reached Santa Barbara. We spent a few wonderful days there, but had to break up soon as we wanted to spend some nights in Las Vegas.

When we left, we drove without knowing well into a road with less traffic. On some signs there was something indicating dollars... Maybe it was a toll road? We didn't have a clue. After some time, we arrived at a place with much more traffic. Some months afterwards, a ticket arrived at home: we had passed the toll station without knowing! That's because in Spain, all toll stations have barriers, but there, there weren't any barriers and we were not aware of that we had to pay. These have been only a few of our "little adventures" in the United States, a country we finally loved to cross on wheels.

This is the last one I have to tell you, you will laugh out loud for sure. The first time we tried to get petrol, we almost couldn't. The gas pump was so complicated, we didn't understand it. Finally a very nice old lady (almost eighty years old!) came to help us youngsters to "understand" all of that technology.

In spite of all this, we will repeat our trip to the United States and we are looking forward to have vacation again to continue discovering this beautiful country on wheels.

An adventure at La Tomatina

My name is Sean and I'm 21 years old. I am from New York, but for six months I have been living in Barcelona. I study Spanish Literature and I'm very lucky to enjoy this experience in Spain. But sometimes crazy and funny things happen, like the one I'm going to tell to you about today.

I arrived in Spain in March, and I have since been living with some very friendly boys and girls, sharing a beautiful apartment in the centre of Barcelona. It is a pleasure to live in the centre of such a beautiful city. Everything is very close, even the university. In this apartment I live with three roommates. Sara is from Seville; she's 26 years old and studies architecture. José is from Barcelona; he's 20 years old, studies engineering and loves football. And finally, there is Andrea, a girl from the south of France. She studies advertising and is also a flamenco dancer. Don't you think that they are incredible? We get along very well and living with them works really well.

Do you know Barcelona? It's one of the biggest cities in Spain and is located in the Northeast area of the country by the sea. It therefore has the advantages of a big city as well as being close to the beach. Also, Barcelona is surrounded by mountains and is very close to the Pyrenees, the highest mountains in Spain, where you can ski during the whole winter and part of the spring. It is a place to stay, don't you agree?

The spring passed quickly in Barcelona. Throughout the day I was very busy studying and in the evenings I played football with José and his team. In Spain, the semester ends in June. I passed all my exams with very good grades. Now, I had the whole summer in front of me, full of plans, near the beach and with many friends to spend my time with. Furthermore, in Spain, during the summer, in every village there are traditional and popular parties that I have heard of, but many of them were very strange to me and I didn't understand them very well.

My friend José called me one day in July and invited me to go to a festival in a village near Valencia that was going to, held in August. He said that it would be the biggest festival that I would ever go to in my life and that I couldn't miss it. I asked him: "Why is this festival so spectacular?" But he…didn't say a word! He said he wanted it to be a surprise for me and that he was only going to reveal the name of the festival to me. It was called "Tomatina". Of course, nowadays there are many websites and places where I could find information about the mysterious "La Tomatina", but my friend made me promise that I would not do any research on it.

José bought two bus tickets and brought them home. That is how I learned that the village, where we were going to go for the party, was called 'Buñol'. Finally I knew something more about the mysterious summer festival to which I was going to go! Buñol was, however, a very small village in the middle of Valencia. What kind of "big" festival could take place in such a small town? The mystery continued. One week before the party, Sara, my roommate, explained to me what "Tomatina" means. "Tomatina" is something like a little tomato. What was this festival all about? A festival looking for the tiniest tomato in the world? What a mess! As you may imagine, at that moment I was looking forward to partying, but at the same time I thought where the hell am I heading?

The day of the "Tomatina" we woke up very early - at three o'clock in the morning! We had breakfast very quickly and then hurried to the bus station. There were a lot of young students like us, hundreds and hundreds, waiting for buses to Buñol. We sat down to wait for our bus and I started a conversation with a girl from France. Her name was Anne and she told me that the Tomatina was the best festival she had ever been to in her life. And that this was the third year in a row that she had travelled to Buñol to be there for the Tomatina! I talked to Anne for some time. She didn't speak Spanish and her English was very weird – she had a funny French accent when she spoke English – but she was very nice. And she was very beautiful, blond, with very fair skin and green eyes. However, we had to stop talking, because her bus was the number 15 and mine was number 8. What a pity! Don't you think?

The bus was already a big party. It was full of young people that wanted to party. Everybody was singing songs (in Spanish, I didn't understand very much, they were very difficult) and drinking sangría, as it was hot that day. And the journey was so long! It took more than five hours to arrive at the famous Tomatina! At last, we arrived in Buñol. There were thousands of people! Everyone was very cheerful and many of them wore diving goggles, swimsuits, shorts, sandals, waterproof hats…What were all these things for? Little by little, we walked into the centre of the village, where there was hardly any space. Suddenly, music started to play, and people were dancing all around. Was this the Tomatina? It didn't seem so spectacular to me.

The music came from huge trucks. On them were people who were throwing something to those in the street. What was it? Something red and round...it seemed like...that were tomatoes! At that moment, I started to laugh! My friend José said to me: So, what do you think? I couldn't be happier!

That was totally crazy. Imagine: thousands of people laughing, jumping, dancing and throwing tomatoes at each other! Little by little, everything turned red and everyone was having a lot of fun. The Tomatina started early and it lasted the whole morning! By the end, I was full of tomatoes from top to bottom; I was red as if I were a tomato myself. Even if you can't believe it, it is the absolute truth! Do you know what the best part was? When everything ended, the people stayed in the streets, the music didn't stop and the party continued! That is why we stayed there the whole day, ate a typical dish from Valencia, paella, and drank a typical drink, sangría.

After lunch we decided to go for a walk through the village. When we got to the main square we saw the last surprise of that day... Anne was there! We approached her and she introduced us to her friends. At that moment the party's dance started, and we all danced together and continued talking. We had a lot of fun, and I believe that it was the beginning of a great friendship.

Since, Anne and I have gone to many parties together, and I believe I will soon ask her to go to the cinema with me. From now on, if everything goes well, the Tomatina from now will be more than a big party, but it will also be a place where one can find love. Who knows?

The Cheese Rolling Festival

My name is Robert and I'm going to tell you a story about how I ended up in the middle of an English field frantically chasing cheese down a hill.

Growing up in a small French village in the region of Normandy, eating was a big part of our family life for as long as I can remember. Eating represented an occasion for the whole family to get together, to share stories and to enjoy each other's company. My favourite part of the meal was always when the cheese was brought to the table, and being brought up in France I was spoilt for choice – there are almost 400 different types of cheese produced across the nation and I think I must have tasted all of them. It didn't matter what kind of cheese it was – goat, ewe, blue, cow – if it was available I would eat it. I became famous in my family for just how much I loved cheese: you won't be surprised to hear I was a little on the chubby side as a child!

Where I used to live in Normandy, I grew up being able to see Jersey, one of the Channel Islands that belong to the United Kingdom. My granddad used to sit me on his knee and tell me stories about England and the times he had visited the islands on the ferry. As I was young and curious, I wanted to go there. And when I got there, I wanted to eat cheese! So one day we all agreed to catch the ferry from a town called St Malo and made the short journey to the island. It was my first time abroad and I remember thinking how different everything felt: the language sounded peculiar, the architecture was different to anything I had ever seen and the food was nothing like I had tasted at home. Luckily, my granddad could speak good English, and he started a conversation with a local shop owner about the differences in food. He told the shop owner that I loved cheese, and this is where I first found out about a festival in England called 'Cooper's Hill Cheese Rolling'. I found out that not only did people in England have cheese, but it was so good they were willing to chase it down a hill and fight other people for it. A festival where people chased after food because it was so tasty? I couldn't wait to go there.

Well, I had to wait a little while to get there: 9 year olds can't make the journey to England alone. My time to visit came later, whilst I was in England studying for a year as part of my postgraduate university course in London. The story about chasing cheese down a hill never left me, and while talking to my granddad on the phone, he said that I should make plans to visit the Cooper's Hill festival. So, three English friends and I found ourselves one afternoon, stood on top of a hill with literally hundreds of other people, waiting to chase a piece of cheese down a steep field. Madness.

The Cooper's Hill Cheese Rolling festival is held near the city of Gloucester and, just like the name suggests, involves rolling a 9lbs piece of Double Gloucester Cheese down a hill whilst hundreds of daredevils chase after it. Everyone wants to catch the cheese, but quite often no one manages to get a hand on it: it has been known to get up to speeds of 70mph on its way down! That's the same as the legal speed limit on an English motorway. This is certainly

81

a novel way to enjoy eating cheese: a far cry from eating it with my family on a quiet farm in Normandy. As I stood on top of the hill, getting ready to chase the cheese, I was surprised to hear lots of different accents around me. As a child I had imagined being the only Frenchman among a sea of English people, an outsider joining in the fun of all the eccentrics around me. But I could hear American accents, Scottish accents, accents from all over the world. There was a great atmosphere: a lot of people have travelled a long way to take part in this strange festival.

As I stood at the top, I could see that an ambulance had arrived in preparation for the chase down the hill that was about to happen. This is getting serious, I thought! As this was the first race of the afternoon, I hadn't had the chance to see anyone else running down the hill. I didn't know what to expect. My heart was thumping. I'd stopped thinking about the cheese and started worrying about what kind of damage I was about to do to myself! Just as the race was about to start, one of the people next to me told me that over 20 people were taken to hospital the year before. The ambulance was so busy taking people backwards and forward from the hospital that the race even had to be delayed....

Just as he said this, the whistle went to signal that it was our turn to chase the cheese. A man dressed in a Union Jack suit rolled a huge circle of cheese down the hill and it was flying down the hill at great speed. As I stood at the back, I saw both men and women running after it: many were in fancy dress, some had protective clothing on. A man dressed as Superman flew past me! It was all very surreal. I decided to go slow to make sure I didn't hurt myself but many others were doing somersaults and running really fast. Before I knew it, I was at the bottom of the hill. Thankfully, I was not injured. I looked around for the cheese, but it was nowhere to be seen: the person who had won dressed as Micky Mouse had ran off with it and hidden it from the rest of us!

So you're probably wondering what the point of going all that way was and not even getting to taste the cheese. I was disappointed not to get what I wanted, but it was an excellent introduction to some of the stranger aspects of English culture. And just as my granddad used to sit me on his knee and tell me about some of the strange things that Englishman will do for cheese, I'll be able to do the same for my grandchildren.

My Erasmus in Germany

Do you like travelling? Do you like studying? In Spain - generally speaking, in all of Europe - you can combine the two things: with an Erasmus scholarship. Do you know what it is?

Erasmus scholarships are awarded by Europe, the European Union, to students from all countries. These scholarships give you a university place in another European university and a small monthly grant so that you can study in another country, a "mobility aid". Moreover, each country can pay more or less aids to its students, it depends on each state's possibilities. And the target countries often help the students, too.

Despite these aids, Erasmus grants are often not sufficient to live while you study. It's very expensive to live in a big European city like Barcelona, Paris or Berlin. Students usually get financial support from their parents in order to be able to live this experience. Some, like me, work during the Erasmus stay.

Getting an Erasmus scholarship is very hard. There are lots of students who would like to take part in the Erasmus programme, and only a few places. You have to carry out a lengthy, ponderous application process, with language tests and lots of paperwork. But if you make it, just like me, it will be an unforgettable experience.

My name is Ramon and I'm twenty-six years old. I'm finishing my medicine studies soon. I hope I will be a good doctor soon. It's my passion. I would like to help patients and to heal them. A doctor's task is very important. Hospitals and doctor's surgeries exist thanks to us. Working in hospitals is quite hard, both for doctors and nurses.

Last year I had the chance to take part in an Erasmus scholarship. At first I wanted to go to France. Why? Well, I live with my family in a place near Barcelona, France is not far away. Besides this, the language is similar to Spanish and even more similar to Catalan, which I also speak. After applying for the scholarship and doing the language tests (English, French...) I had to wait for some months. It was such a long wait! I started to buy books in French, I listened to French music and also to the French radio.

The results' day finally came. They were put up in the university's foyer. I looked for my name among the students who had received an Erasmus place for France, and I wasn't there. That was a serious blow for me! I was neither among those who had received a scholarship, nor among the substitutes... Weird... I looked at the lists once more and then I saw it: I had received a scholarship for Germany. Germany?! What should I do there?, I thought immediately.

I went to the administrative office to speak to the manager and there was no doubt: nobody had applied for Germany and, on the basis of points, it was the only one they could give me. If I didn't accept, I would probably get no Erasmus scholarship, with all the opportunities which were related to it. Once at home, my parents and sister encouraged me to go on. Germany was an economically strong country, perhaps with a difficult language, but I would surely have the chance to learn a lot there. So after that summer I flew to Berlin to start my academic year in Germany. The fact that my colleagues attended lessons and courses in English helped me a lot.

The first weeks were really tough for me. I didn't understand neither the people on the street nor my colleagues and the days got shorter and shorter. But soon came a moment which changed my life: the Oktoberfest, or the German beer festival, as we call it in Spain. It's a big festival which usually takes place in Munich, in the south of Germany and pays homage to one of Germany's main products: beer. A very likeable girl from my course invited me to travel to Munich with her and her friends and to experience the festival's atmosphere there, and I decided to accept her invitation. It was one of the best weeks in my life!

I met lots of people from all over the world, ate lots of sausages, sauerkraut, pretzels, and other German specialities... And of course I tasted some of the most exquisite beers I drank in my life. During that weekend I learnt many things in German which helped me cope with everyday life: how to order something, how to introduce yourself to new acquaintances, how to move in a city you don't know...

Greta has become one of my best friends since then, and thanks to her and her group of friends I got to know German habits from close up. Soon came the terrible, cold Berlin winter. If you live in Barcelona, it's very hard to experience temperatures of ten degrees below zero, as you can surely imagine. Moreover, thanks to Berlin's university's job board I could start a practical training in a small hospital in the city, which was specialised in the care of children affected by cancer. It was very hard for me, but I have learnt so much with those kids, I'll never forget it.

To reach my lessons and work I moved by bike, which is one of the city's most widely used means of transport. I bought an old second-hand bike in one of the weekend flea markets. It was one of Berlin's more typical things, the weekend flea market. So I organised my life little by little, and when spring came, near the last days of my Erasmus stay, I couldn't believe how fast everything had passed. I keep my friendships from there and I would like to come back there soon.

Despite everything I have learnt, I still can't pronounce many German words correctly! I attend a language school once a week not to forget the language and to practise it further. Besides that, at the weekend I meet other Erasmus students who have come to Barcelona from Germany and we have a language tandem. It's very funny and I meet more and more interesting people. So I recommend you to try an Erasmus stay, if you can. It's one of the best experiences of my life.

This book is part of the Learn Czech - Parallel Text Series:

Learn Czech - Parallel Text
Easy Stories

Learn Czech II - Parallel Text
Short Stories

Printed in Great Britain
by Amazon